Impressum
Verlag: BABADADA GmbH, Nedderfeld 112 , 22529 Hamburg
Geschäftsführer / Verlagsleitung: Harald Hof
Druck: Books on Demand GmbH, In de Tarpen 42, 22848 Norderstedt

Imprint
Publisher: BABADADA GmbH, Nedderfeld 112 , 22529 Hamburg, Germany
Managing Director / Publishing direction: Harald Hof
Print: Books on Demand GmbH, In de Tarpen 42, 22848 Norderstedt

sală de clasă
salle de classe

a împărți
diviser

186/2

tablă
tableau noir

curte a școlii
cour (de récréation)

profesor
professeur

hârtie
papier

a scrie
écrire

instrument de scris
stylo

masă de birou
bureau

riglă
règle

carte
livre

elev
élève

ghiozdan

cartable

penar

trousse

creion

crayon

ascuțitoare

taille-crayon

radieră

gomme

bloc de desen

carnet à dessin

desen

dessin

pensulă

pinceau

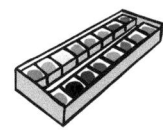

cutie de acuarele

boîte de peinture

foarfece

ciseaux

lipici

colle

caiet de exerciții

cahier d'exercices

temă

devoirs

număr

chiffre

2+2

a aduna

additionner

5-2

a scădea

soustraire

a multiplica

multiplier

a calcula

calculer

literă

lettre

alfabet

alphabet

cuvânt

mot

text
....
texte

a citi
....
lire

cretă
....
craie

oră
....
leçon

catalog
....
livre de classe

examen
....
examen

certificat
....
certificat

uniformă şcolară
....
uniforme scolaire

educaţie
....
formation

enciclopedie
....
lexique

universitate
....
université

microscop
....
microscope

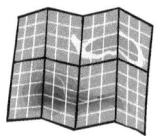

hartă
....
carte

coş de gunoi
....
corbeille à papier

călătorie
voyage

hotel
hôtel
Grand
hostel
auberge
ROOMS
casă de schimb valutar
bureau de change
CHANGE
valiză
valise
autovehicul
voiture

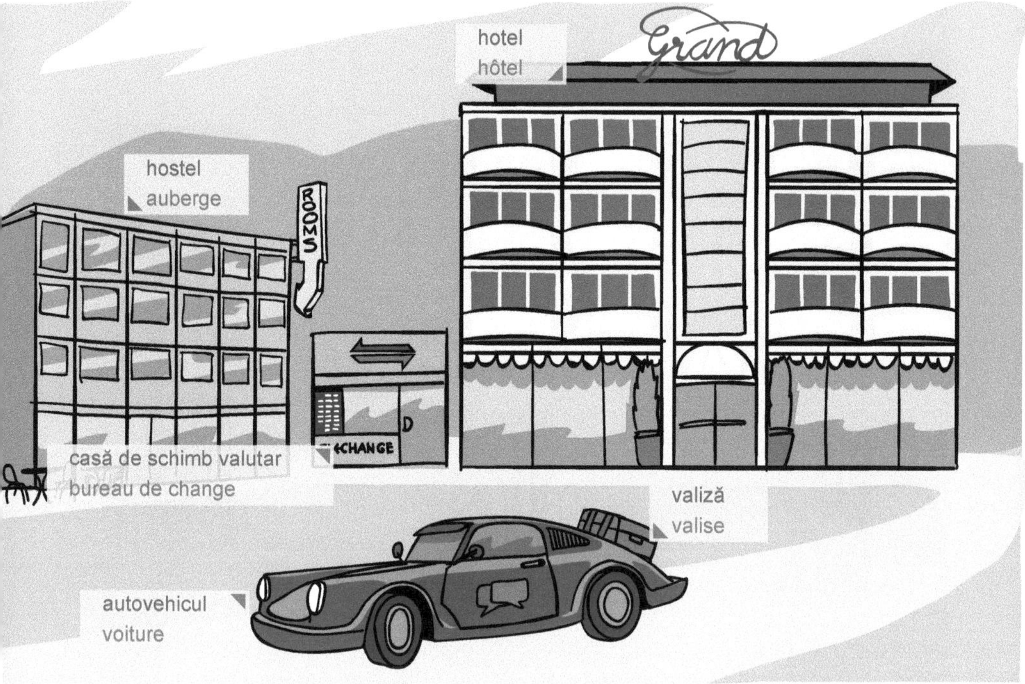

limbă

langue

da/nu

oui / non

okay

d'accord

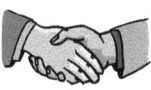

Bună!

Salut

interpret

interprète

mulțumesc

merci

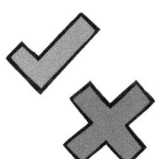

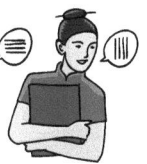

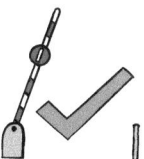

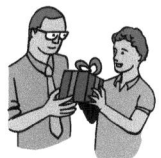

Cât costă...?

Combien coûte...?

Nu înțeleg

Je ne comprends pas

problemă

problème

Bună seara!

Bonsoir !

Bună dimineața!

Bonjour !

Noapte bună!

Bonne nuit !

la revedere

Au revoir

direcție

direction

bagaj

bagages

geantă

sac

rucsac

sac-à-dos

oaspete

hôte

cameră

pièce

sac de dormit

sac de couchage

cort

tente

călătorie - voyage

punct de informare turistică

office de tourisme

plajă

plage

carte de credit

carte de crédit

mic dejun

petit-déjeuner

masa de prânz

déjeuner

cină

dîner

bilet de călătorie

billet

lift

ascenseur

timbru poștal

timbre

graniță

frontière

vamă

douane

ambasadă

ambassade

viză

visa

pașaport

passeport

transport

transport

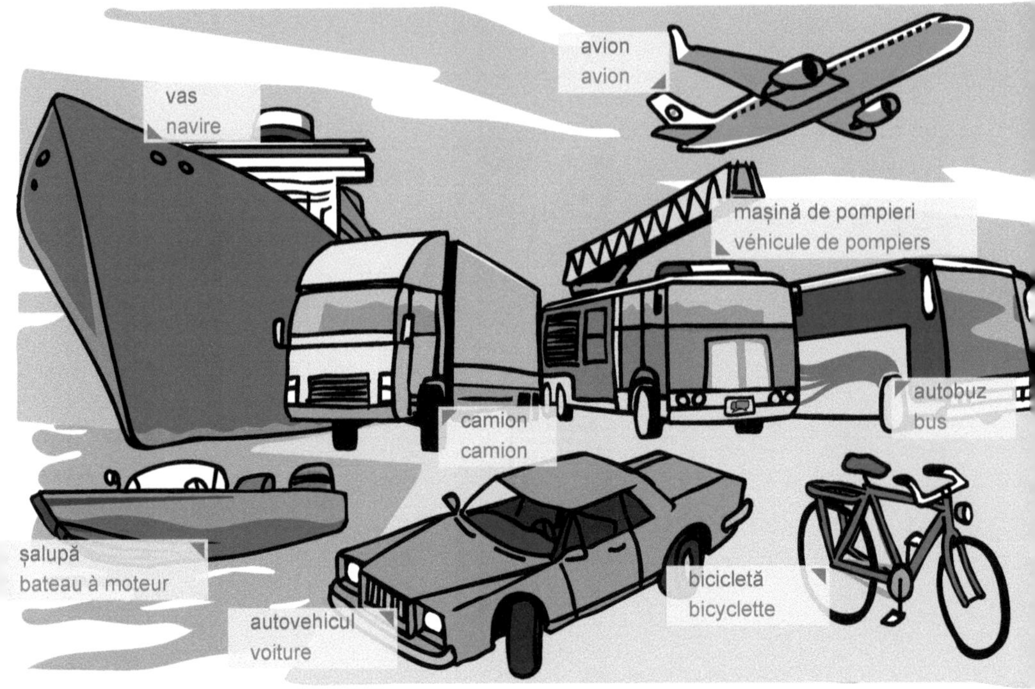

avion
avion
vas
navire
mașină de pompieri
véhicule de pompiers
autobuz
bus
camion
camion
șalupă
bateau à moteur
bicicletă
bicyclette
autovehicul
voiture

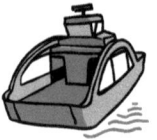

feribot

ferry

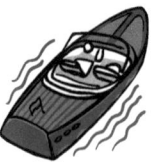

barcă

barque

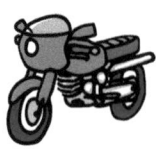

motocicletă

moto

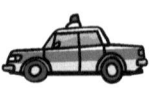

mașină de poliție

voiture de police

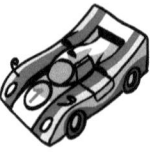

mașină de curse

voiture de course

mașină închiriată

voiture de location

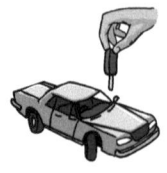

car sharing

auto-partage

mașină de tractat

voiture de remorquage

mașină de gunoi

benne à ordures

motor

moteur

combustibil

essence

benzinărie

station d'essence

semn de circulație

panneau indicateur

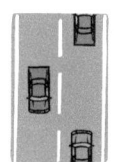

trafic

trafic

ambuteiaj

embouteillage

parcare

parking

gară

gare

șine

rails

tren

train

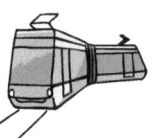

tramvai

tramway

vagon

wagon

elicopter

hélicoptère

aeroport

aéroport

turn

tour

pasager

passager

container

conteneur

carton

carton

căruţă

chariot

coş

corbeille

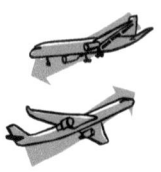

a decola/a ateriza

décoller / atterrir

oraş
ville

sat

village

centru

centre-ville

casă

maison

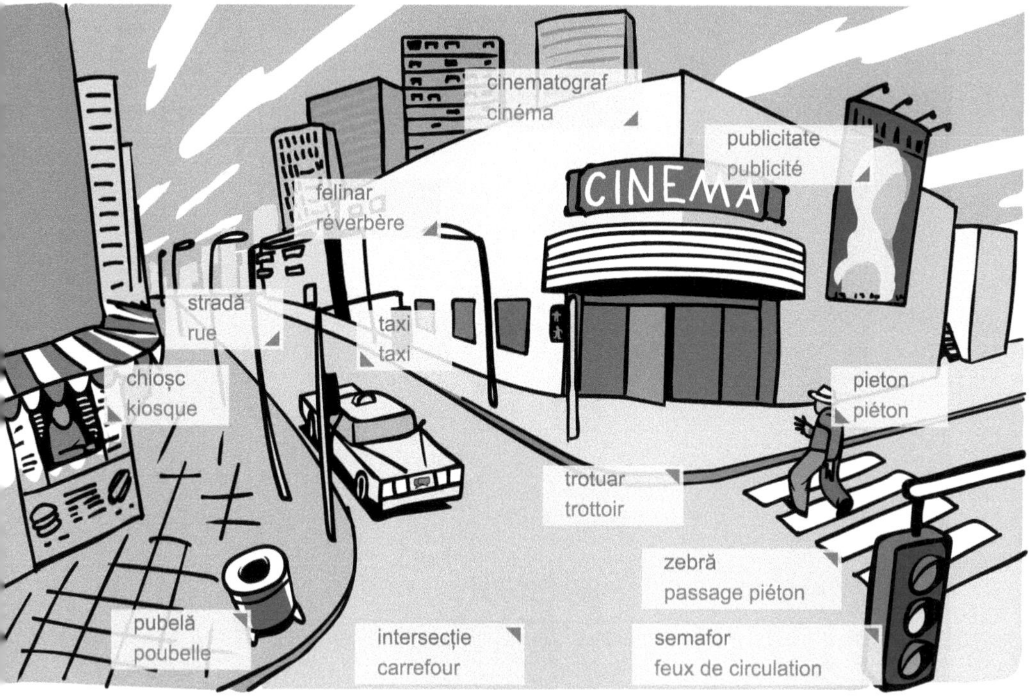

cinematograf
cinéma

publicitate
publicité

felinar
réverbère

CINEMA

stradă
rue

taxi
taxi

pieton
piéton

chiosc
kiosque

trotuar
trottoir

zebră
passage piéton

pubelă
poubelle

intersecție
carrefour

semafor
feux de circulation

cabană
cabane

apartament
appartement

gară
gare

primărie
mairie

muzeu
musée

școală
école

universitate
université

bancă
banque

spital
hôpital

hotel
hôtel

farmacie
pharmacie

birou
bureau

librărie
librairie

magazin
magasin

florărie
fleuriste

supermarket
supermarché

piață
marché

magazin universal
grand magasin

comerciant de pește
poissonnerie

centru comercial
centre commercial

port
port

parc
parc

bancă
banque

pod
pont

trepte
escaliers

metrou
métro

tunel
tunnel

stație de autobuz
arrêt de bus

bar
bar

restaurant
restaurant

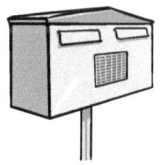

cutie poștală
boîte à lettres

tăbliță indicatoare cu
numele străzii
panneau indicateur

parcometru
parcmètre

grădină zoologică
zoo

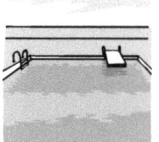

piscină
piscine

moschee
mosquée

gospodărie țărănească
ferme

poluare
pollution

cimitir
cimetière

biserică
église

loc de joacă
aire de jeux

templu
temple

peisaj

paysage

frunză
feuille

indicator
panneau indicateur

drum
chemin

pajiște
pré

piatră
pierre

copac
arbre

drumeț
randonneur

râu
rivière

iarbă
herbe

floare
fleur

vale
vallée

deal
montagne

lac
lac

pădure
forêt

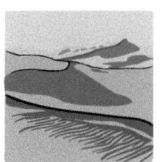

deșert
désert

vulcan
volcan

castel
château

curcubeu
arc-en-ciel

ciupercă
champignon

palmier
palmier

țânțar
moustique

muscă
mouche

furnică
fourmis

albină
abeille

păianjen
araignée

gândac

coléoptère

broască

grenouille

veveriță

écureuil

arici

hérisson

iepure

lièvre

bufniță

chouette

pasăre

oiseau

lebădă

cygne

porc mistreț

sanglier

cerb

cerf

elan

élan

dig

barrage

turbină eoliană

éolienne

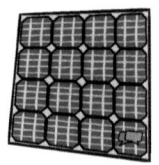

panou solar

panneau solaire

climă

climat

restaurant
restaurant

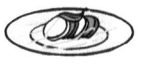

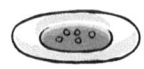

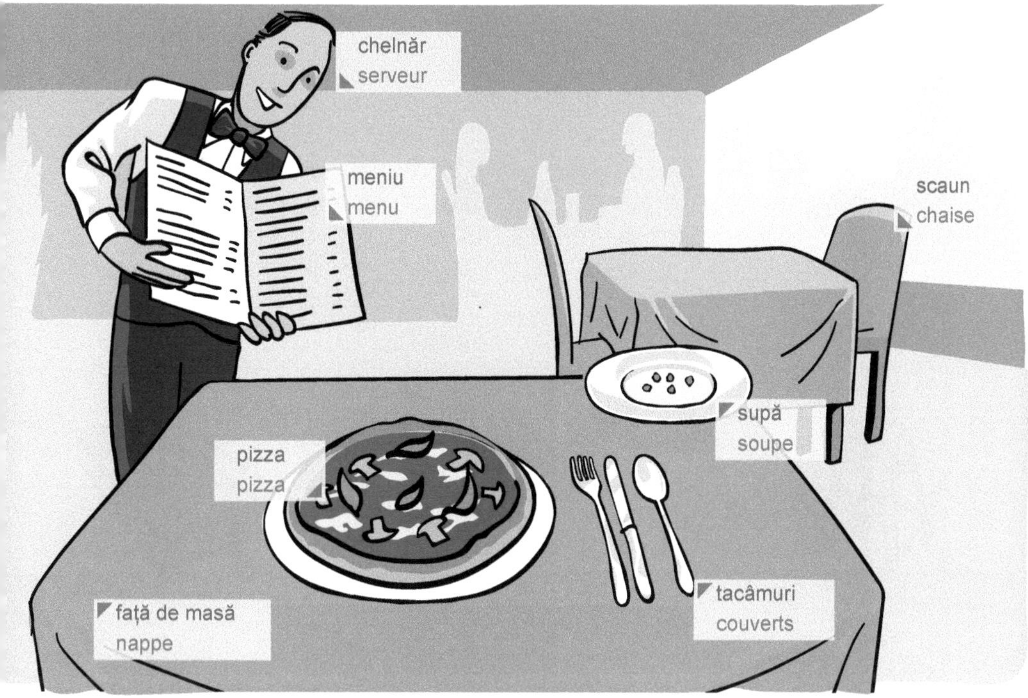
chelnăr
serveur
meniu
menu
scaun
chaise
supă
soupe
pizza
pizza
tacâmuri
couverts
față de masă
nappe

antreu

hors d'œuvre

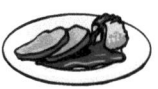

fel principal

plat principal

desert

dessert

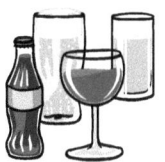

băuturi

boissons

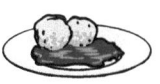

mâncare

alimentation

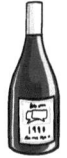

sticlă

bouteille

fastfood

fast-food

streetfood

plats à emporter

ceainic

théière

zaharniță

sucrier

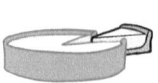

porție

portion

espressor

machine à expresso

scaun înalt (pentru copii)

chaise haute

factură

facture

tavă

plateau

cuțit

couteau

furculiță

fourchette

lingură

cuillère

linguriță

cuillère à thé

șervețel

serviette

pahar

verre

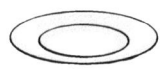

farfurie

assiette

farfurie de supă

assiette à soupe

farfurie

soucoupe

sos

sauce

solniță

salière

râșniță de piper

moulin à poivre

oțet

vinaigre

ulei

huile

condimente

épices

ketchup

ketchup

muștar

moutarde

maioneză

mayonnaise

supermarket
supermarché

ofertă
offre promotionnelle
client
client
FOR
produse lactate
produits laitiers
fructe
fruits
cărucior de cumpărături
chariot

BUTCHERS

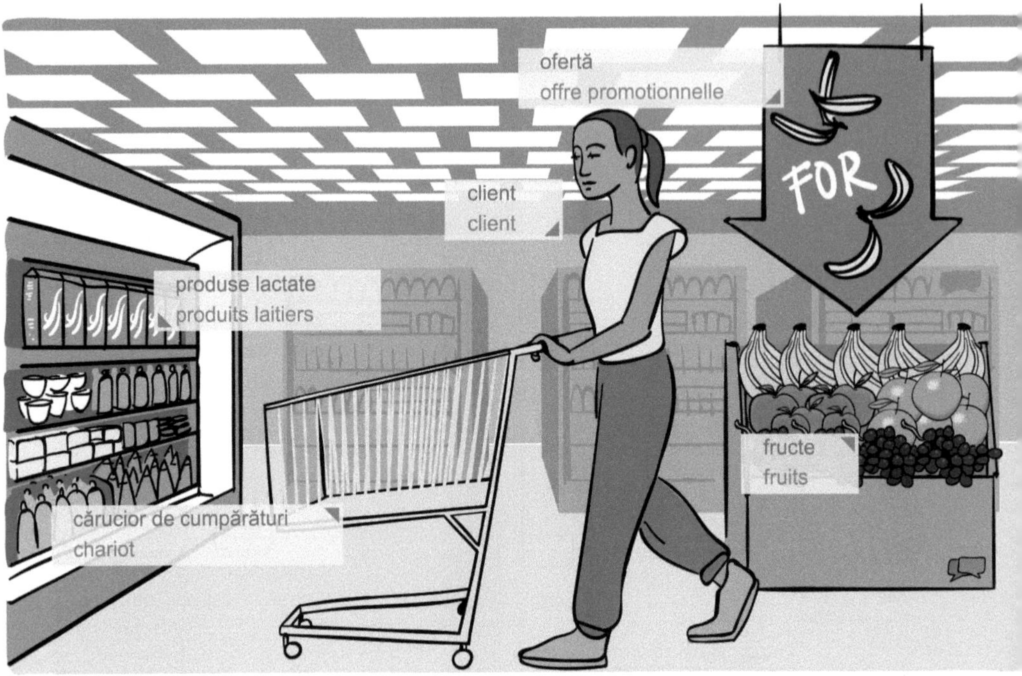

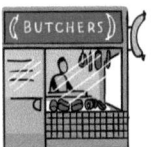

măcelărie

boucherie

BAKERY

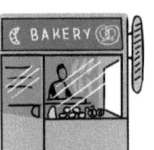

brutărie

boulangerie

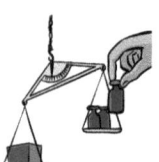

a cântări

peser

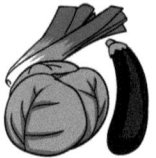

legume

légumes

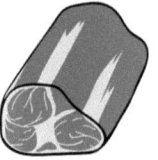

carne

viande

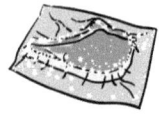

alimente refrigerate

aliments surgelés

mezeluri și brânzeturi feliate

charcuterie

conserve

conserves

detergent

poudre à lessive

dulciuri

bonbons

articole de menaj

articles ménagers

produse de curățenie

détergents

vânzătoare

vendeuse

casă

caisse

casier

caissier

listă de cumpărături

liste d'achats

orar

heures d'ouverture

portmoneu

portefeuille

carte de credit

carte de crédit

geantă

sac

pungă de plastic

sac en plastique

băuturi
boissons

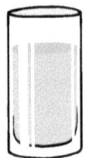

apă
eau

suc
jus de fruit

lapte
lait

cola
coca

vin
vin

bere
bière

alcool
alcool

cacao
chocolat chaud

ceai
thé

cafea
café

espresso
expresso

cappucino
cappuccino

banane

banane

măr

pomme

portocală

orange

pepene

melon

lămâie

citron

morcov

carotte

usturoi

ail

bambus

bambou

ceapă

oignon

ciupercă

champignon

nuci

noisettes

paste făinoase

pâtes

spagheti

spaghetti

orez

riz

salată

salade

cartofi prăjiți

pommes frites

cartofi țărănești

pommes de terre rôties

pizza

pizza

hamburger

hamburger

sandwich

sandwich

șnițel

escalope

șuncă

jambon

salam

salami

cârnați

saucisse

pui

poulet

friptură

rôti

pește

poisson

fulgi de ovăz

flocons d'avoine

musli

muesli

cereale

cornflakes

făină

farine

corn

croissant

chifle

petits-pains

pâine

pain

pâine prăjită

pain grillé

biscuiți

biscuits

unt

beurre

brânză de vaci

le fromage blanc

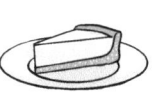

prăjitură

gâteau

ou

œuf

ouă ochiuri

œuf au plat

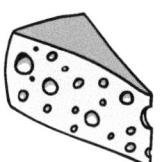

brânză

fromage

îngheţată
glace

zahăr
sucre

miere
miel

marmeladă
confiture

cremă nuga
crème nougat

curry
curry

gospodărie țărănească
ferme

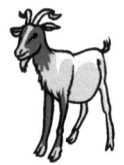

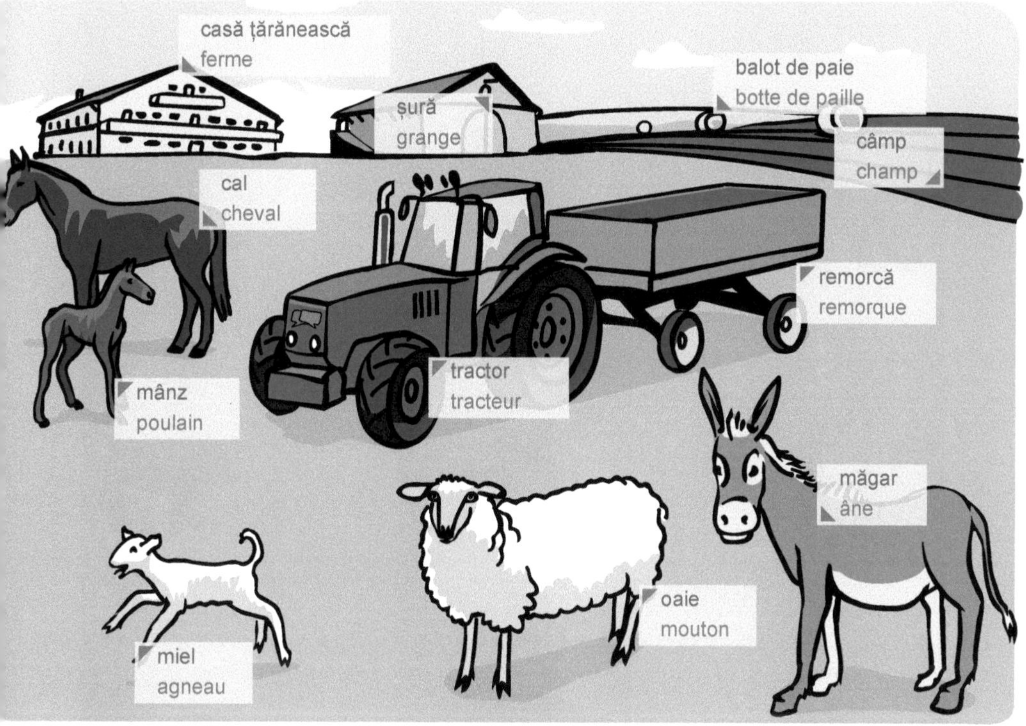
casă țărănească
ferme
șură
grange
balot de paie
botte de paille
câmp
champ
cal
cheval
remorcă
remorque
tractor
tracteur
mânz
poulain
măgar
âne
oaie
mouton
miel
agneau

capră
chèvre

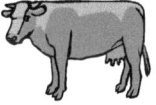

vacă
vache

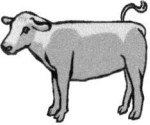

vițel
veau

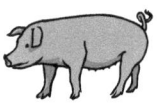

porc
porc

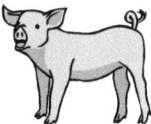

purcel
porcelet

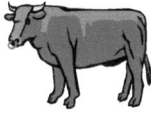

taur
taureau

găină
oie

rață
canard

pui
poussin

găină
poule

cocoș
coq

șobolan
rat

pisică
chat

șoarece
souris

bou
bœuf

câine
chien

cușcă
chenil

furtun de grădină
tuyau de jardin

stropitoare
arrosoir

coasă
faucheuse

plug
charrue

gospodărie țărănească - ferme

secerǎ

faucille

sapǎ

pioche

furcǎ

fourche

secure

hache

roabǎ

brouette

troacǎ

cuve

canǎ pentru lapte

pot à lait

sac

sac

gard

clôture

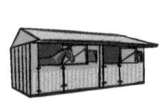

grajd

étable

serǎ

serre

sol

sol

sǎmânțǎ

semences

fertilizator

engrais

combinǎ de treierat

moissonneuse-batteuse

a culege
récolter

recoltă
récolte

cartof yam
igname

grâu
blé

soia
soja

cartof
pomme de terre

porumb
maïs

rapiță
colza

pom fructifer
arbre fruitier

manioc
manioc

cereale
céréales

casă
maison

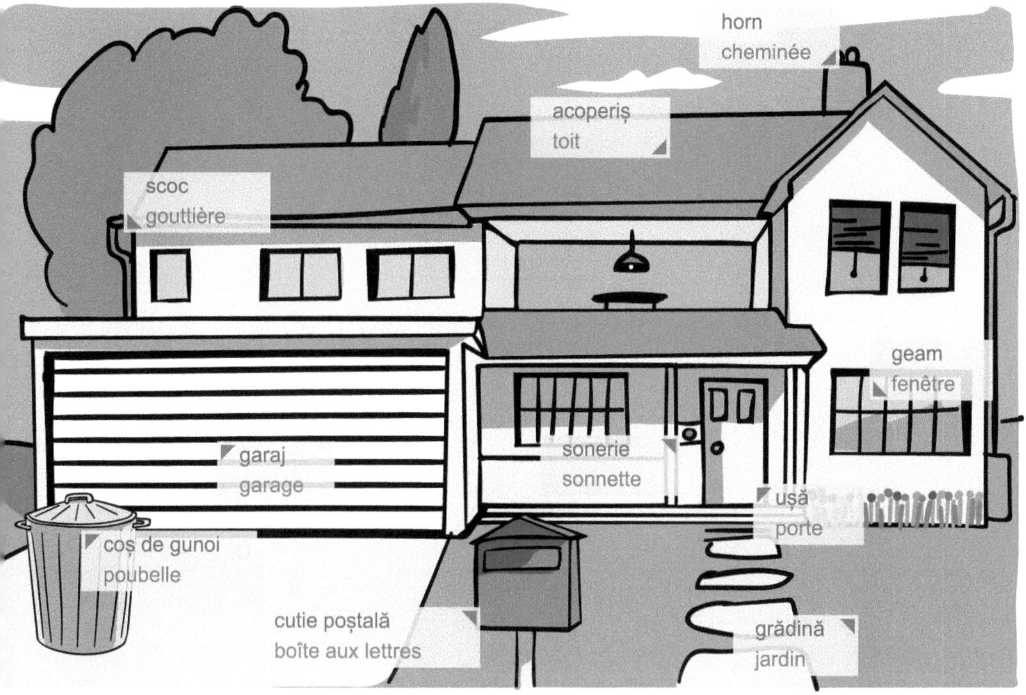

horn
cheminée
acoperiș
toit
scoc
gouttière
geam
fenêtre
garaj
garage
sonerie
sonnette
ușă
porte
coș de gunoi
poubelle
cutie poștală
boîte aux lettres
grădină
jardin

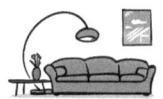

cameră de zi

salon

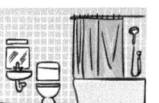

baie

salle de bain

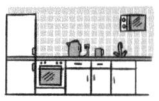

bucătărie

cuisine

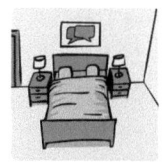

dormitor

chambre à coucher

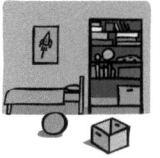

camera copiilor

chambre d'enfant

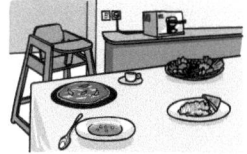

sufragerie

salle à manger

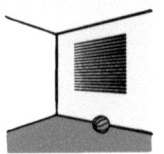

podea
sol

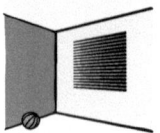

perete
mur

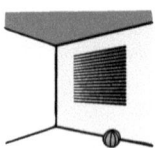

tavan
plafond

pivniță
cave

saună
sauna

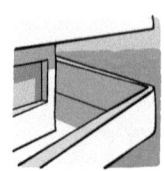

balcon
balcon

terasă
terrasse

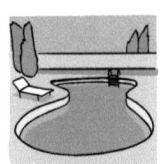

piscină
piscine

mașină de tuns iarba
tondeuse à gazon

cearșaf
housse

cuvertură
couette

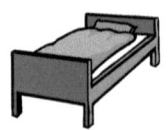

pat
lit

mătură
balai

găleată
sceau

întrerupător
interrupteur

cameră de zi
salon

tapet
papier peint
pictură
image
lampă
lampe
raft
étagère
dulap
armoire
televizor
télé
șemineu
cheminée
floare
fleur
pernă
coussin
sofa
sofa
vază
vase
telecomandă
télécommande

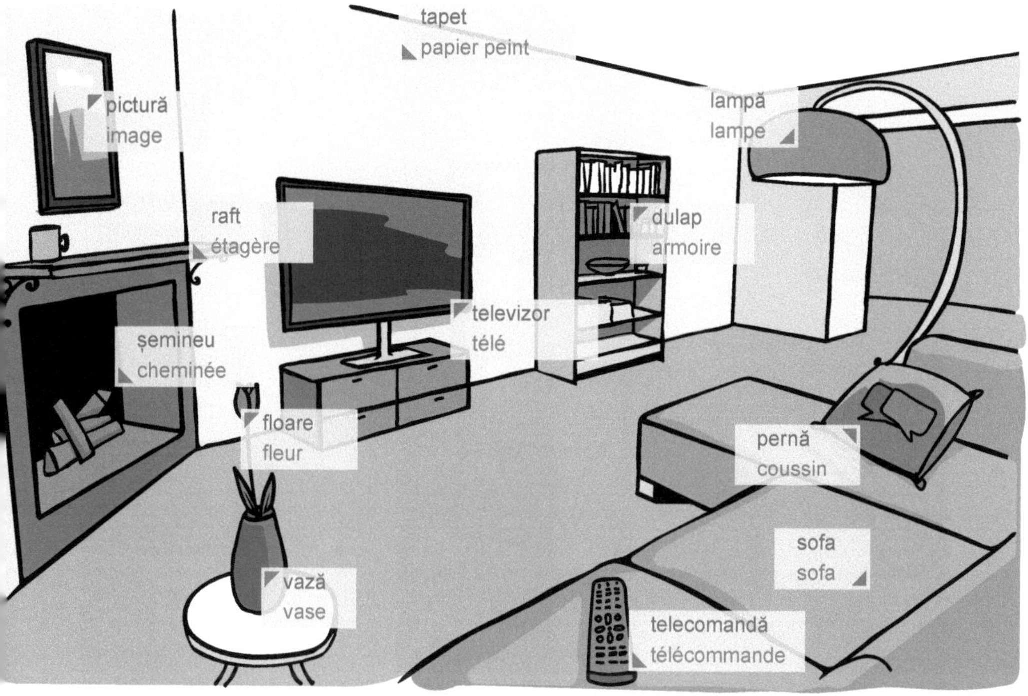

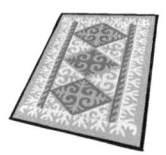

covor
tapis

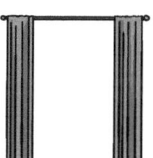

perdea
rideau

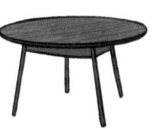

masă
table

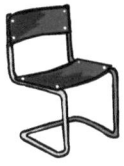

scaun
chaise

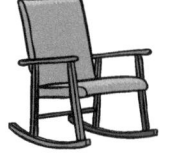

balansoar
chaise à bascule

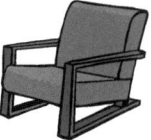

fotoliu
fauteuil

carte

livre

pătură

couverture

decoraţiune

décoration

lemn de foc

bois de chauffage

film

film

instalaţie stereo

chaîne hi-fi

cheie

clé

ziar

journal

desen

peinture

poster

poster

radio

radio

caiet de notiţe

bloc-notes

aspirator

aspirateur

cactus

cactus

lumânare

bougie

bucătărie
cuisine

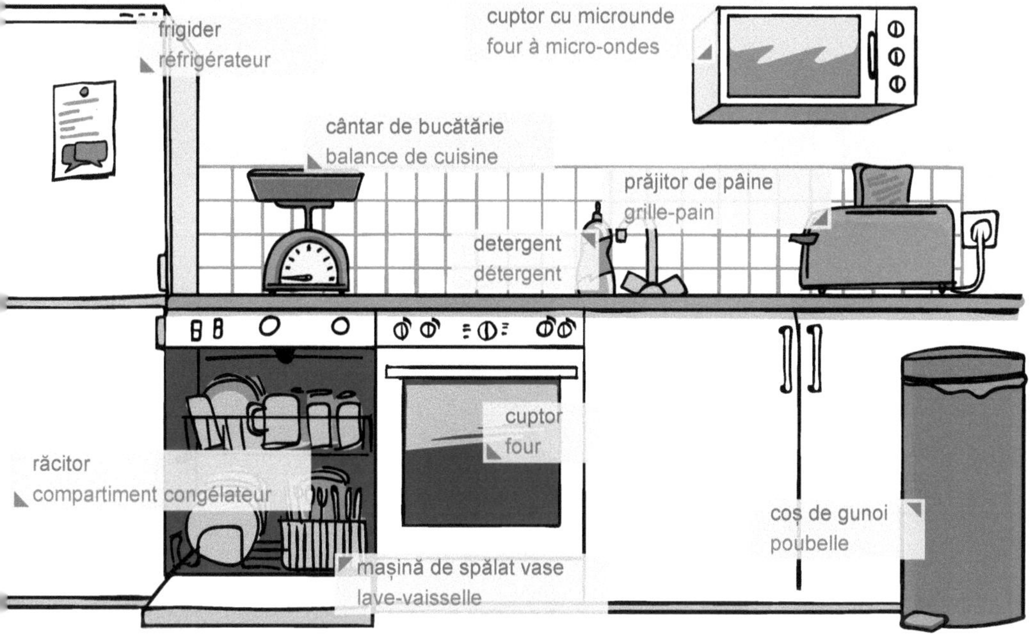

frigider
réfrigérateur
cuptor cu microunde
four à micro-ondes
cântar de bucătărie
balance de cuisine
prăjitor de pâine
grille-pain
detergent
détergent
cuptor
four
răcitor
compartiment congélateur
coș de gunoi
poubelle
mașină de spălat vase
lave-vaisselle

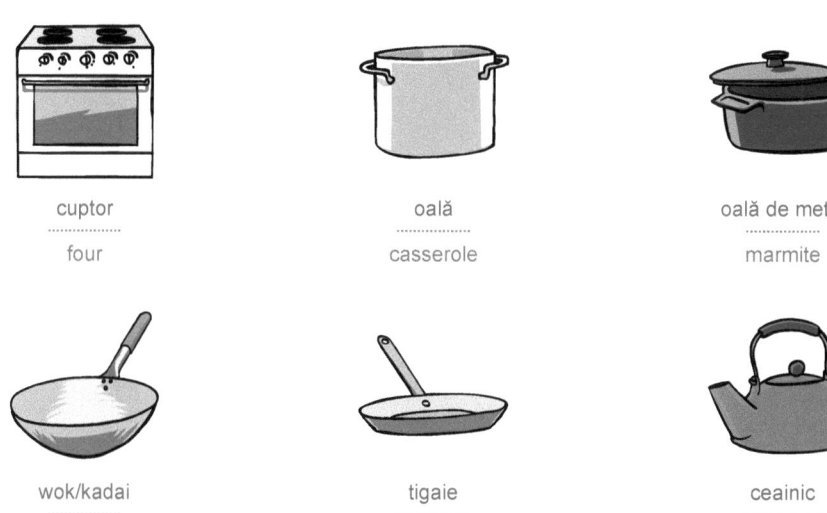

cuptor

four

oală

casserole

oală de metal

marmite

wok/kadai

wok / kadai

tigaie

poêle

ceainic

bouilloire electrique

oală de gătit cu aburi

cuiseur vapeur

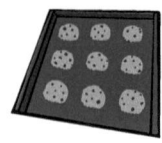

tavă de copt

plaque de cuisson

veselă

vaisselle

pahar

gobelet

bol

coupe

bețișoare

baguettes

polonic

louche

spatulă

spatule

tel

fouet

sită

passoire

sită

tamis

răzătoare

râpe

mojar

mortier

grătar

barbecue

loc pentru grătar

cheminée

tocător

planche à découper

sucitor

rouleau à pâtisserie

tirbușon

tire-bouchon

conservă

boîte

deschizător de conserve

ouvre-boîte

șervete termice

maniques

chiuvetă

lavabo

perie

brosse

burete

éponge

mixer

mixeur

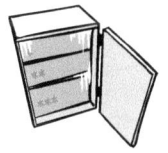

ladă frigorifică

congélateur

biberon

biberon

robinet

robinet

baie
salle de bain

încălzire
chauffage
duș
douche
prosop
serviette
perdea de duș
rideau de douche
baie cu spumă
bain moussant
cadă
baignoire
pahar
verre
mașină de spălat
machine à laver
robinet
robinet
gresie
carrelage
oală de noapte
pot
chiuvetă
lavabo

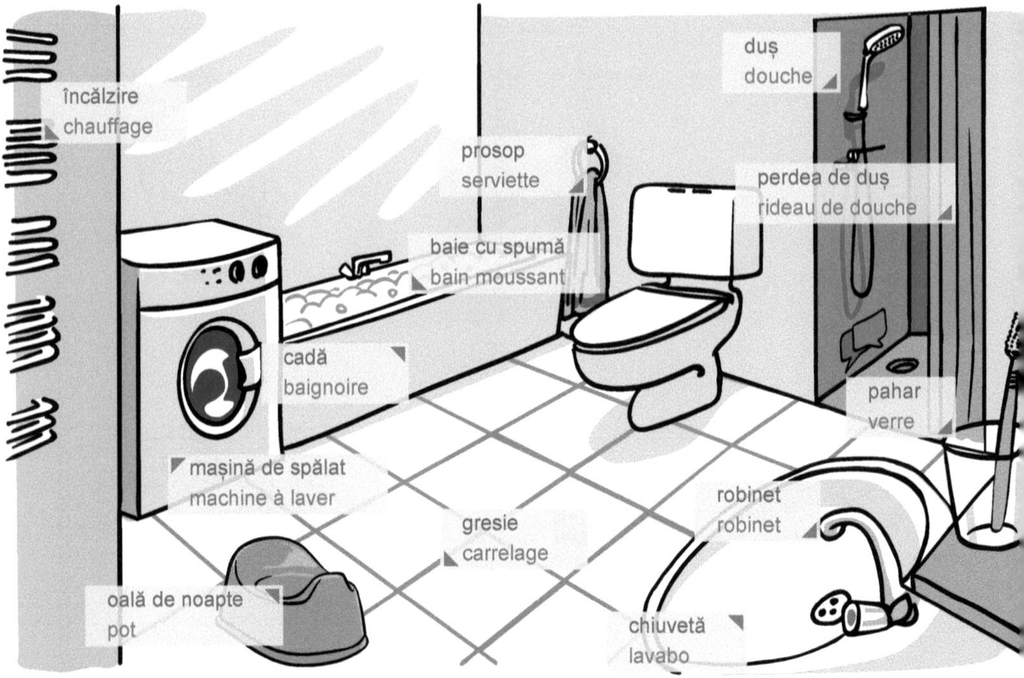

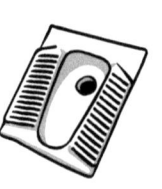

toaletă

toilettes

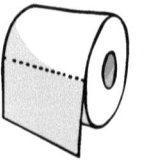

toaletă turcescă

toilette à la turque

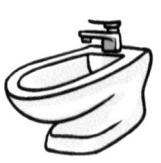

bideu

bidet

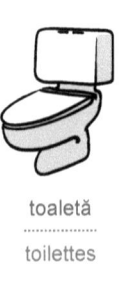

pisoir

urinoir

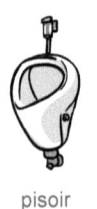

hârtie igienică

papier toilette

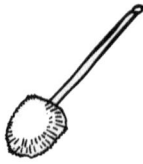

perie de toaletă

brosse à toilette

periuță de dinți

brosse à dents

pastă de dinți

dentifrice

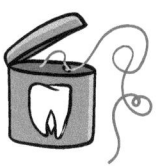

ață dentară

fil dentaire

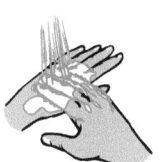

a spăla

laver

cap de duș

douche manuelle

duș intim

douche intime

lavoar

vasque

perie pentru spate

brosse dorsale

săpun

savon

gel de duș

gel douche

șampon

shampooing

cârpă de spălat

gant de toilette

scurgere

écoulement

cremă

crème

deodorant

déodorant

oglindă
miroir

oglindă cosmetică
miroir cosmétique

aparat de ras
rasoir

spumă de ras
mousse à raser

aftershave
après-rasage

pieptene
peigne

perie
brosse

uscător de păr
sèche-cheveux

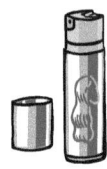

fixator
laque pour cheveux

machiaj
fond de teint

ruj
rouge à lèvres

lac de unghii
vernis à ongles

vată
ouate

foarfece de unghii
coupe-ongles

parfum
parfum

neseser
trousse de toilette

taburet
tabouret

cântar
pèse-personne

halat de baie
peignoir

mănuși de cauciuc
gants de nettoyage

tampon
tampon

tampon
serviettes hygiéniques

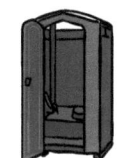

toaletă chimică
toilette chimique

camera copiilor
chambre d'enfant

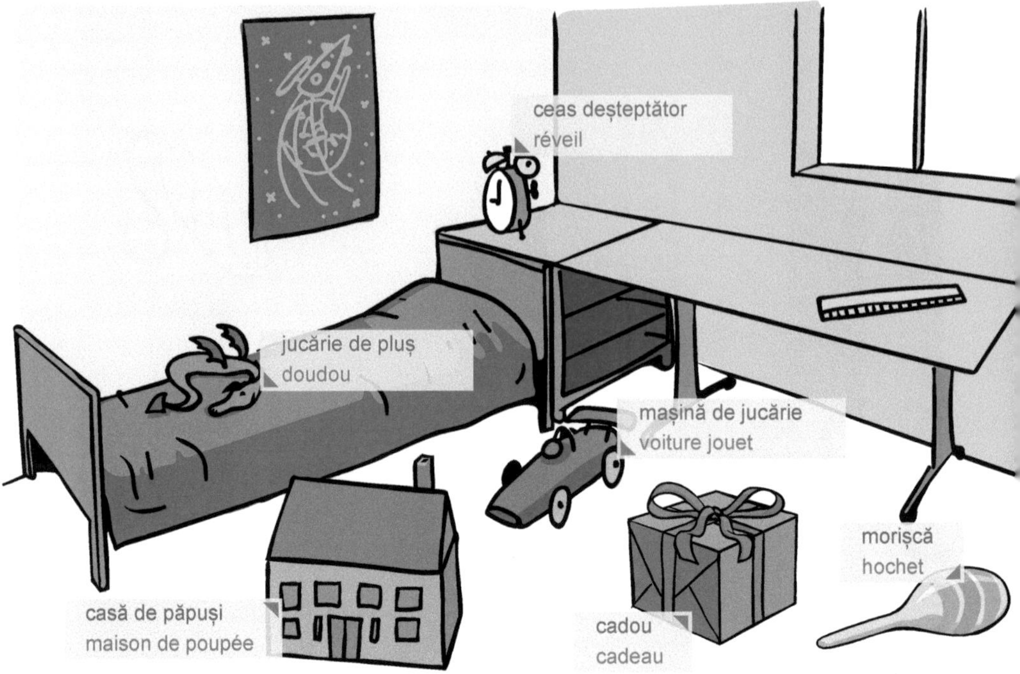
ceas deșteptător
réveil
jucărie de pluș
doudou
mașină de jucărie
voiture jouet
morișcă
hochet
casă de păpuși
maison de poupée
cadou
cadeau

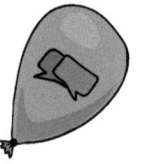

balon

ballon

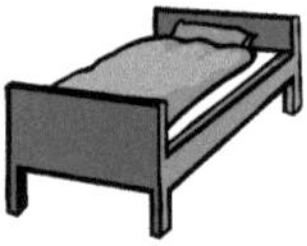

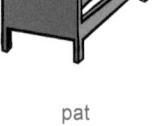

pat

lit

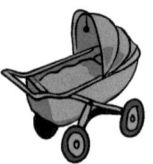

cărucior de copii

poussette

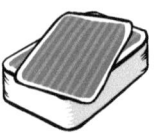

joc de cărți

jeu de cartes

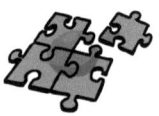

puzzle

puzzle

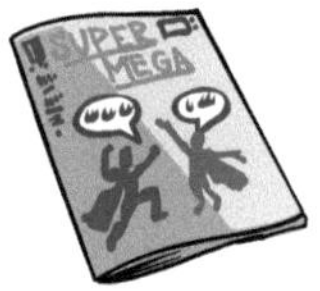

revistă de benzi desenate

bande dessinée

cuburi lego

pièces lego

piese pentru construcții

blocs de construction

personaj din filmele de acțiune

figurine

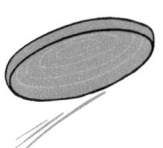

body

grenouillère

frisbee

frisbee

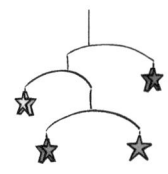

mobil

mobile

joc de societate

jeu de société

zar

dé

set trenuleț de jucărie

train miniature

suzetă

sucette

petrecere

fête

carte cu poze

livre d'images

minge

balle

păpușă

poupée

a se juca

jouer

groapă de nisip

bac à sable

leagăn

balançoire

jucării

jouets

consolă video

console de jeu

tricicletă

tricycle

ursuleț

ours en peluche

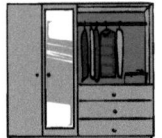

dulap

armoire

îmbrăcăminte

vêtements

șosete

chaussettes

ciorapi

bas

dres

collant

șal
écharpe

umbrelă
parapluie

tricou
t-shirt

curea
ceinture

cizme
bottes

papuci
pantoufles

pantofi sport
baskets

sandale
....
sandales

încălțăminte
....
chaussures

cizme de cauciuc
....
bottes de caoutchouc

chilot
....
sous-vêtements

sutien
....
soutien-gorge

maiou
....
maillot de corps

body
body

pantaloni
pantalon

blugi
jean

fustă
jupe

bluză
chemisier

cămașă
chemise

pulover
pull

jerseu
sweat à capuche

sacou
veste

jachetă
veste

palton
manteau

pelerină de ploaie
imperméable

costum
costume

rochie
robe

rochie de mireasă
robe de mariée

costum

costume

cămașă de noapte

chemise de nuit

pijama

pyjama

sari

sari

batic

foulard

turban

turban

burka

burqa

caftan

caftan

abaya

abaya

costum de baie

maillot de bain

șort

maillot de bain

pantaloni scurți

short

trening

tenue d'entraînement

șorț

tablier

mănuși

gants

nasture

bouton

ochelari

lunettes

brățară

bracelet

lanț

collier

inel

bague

cercel

boucle d'oreille

căciulă

bonnet

umeraș

cintre

pălărie

chapeau

cravată

cravate

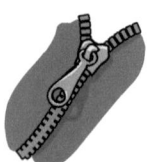

fermoar

fermeture éclair

cască

casque

bretele

bretelles

uniformă școlară

uniforme scolaire

uniformă

uniforme

bavețică
bavoir

suzetă
sucette

scutec
lange

birou
bureau

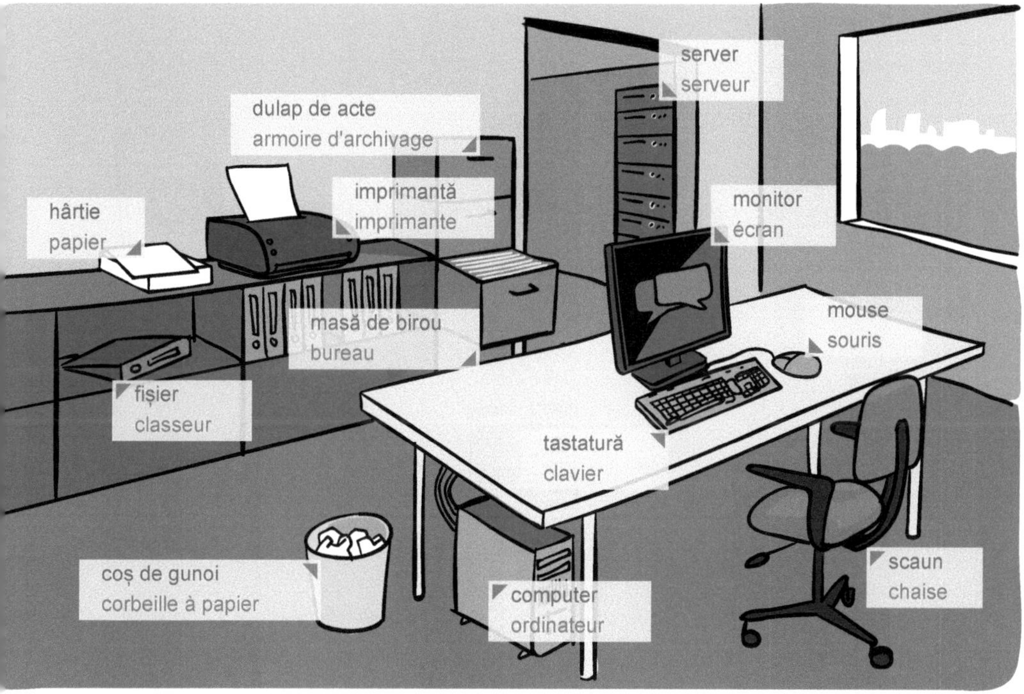

server
serveur

dulap de acte
armoire d'archivage

imprimantă
imprimante

hârtie
papier

monitor
écran

masă de birou
bureau

mouse
souris

fișier
classeur

tastatură
clavier

coș de gunoi
corbeille à papier

computer
ordinateur

scaun
chaise

ceașcă de cafea
tasse de café

calculator
calculatrice

internet
internet

laptop	scrisoare	mesaj
ordinateur portable	lettre	message

telefon mobil	reţea	copiator
portable	réseau	photocopieuse

software	telefon	priză
logiciel	téléphone	prise

	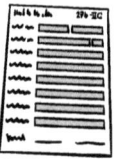	
fax	formular	document
fax	formulaire	document

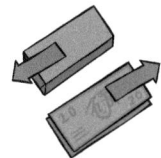

a cumpăra

acheter

a plăti

payer

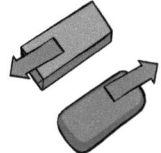

a face comerţ

faire du commerce

bani

monnaie

Dolar

dollar

Euro

euro

Yen

yen

Rublă

rouble

Franc Elveţian

franc suisse

renminbi yuan

renminbi yuan

Rupie

roupie

bancomat

distributeur automatique

casă de schimb valutar

bureau de change

aur

or

argint

argent

petrol

pétrole

energie

énergie

preț

prix

contract

contrat

impozit

taxe

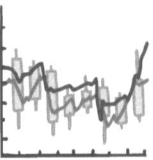

acțiune

action

a munci

travailler

angajat

employé

angajator

employeur

fabrică

usine

magazin

magasin

ocupații
professions

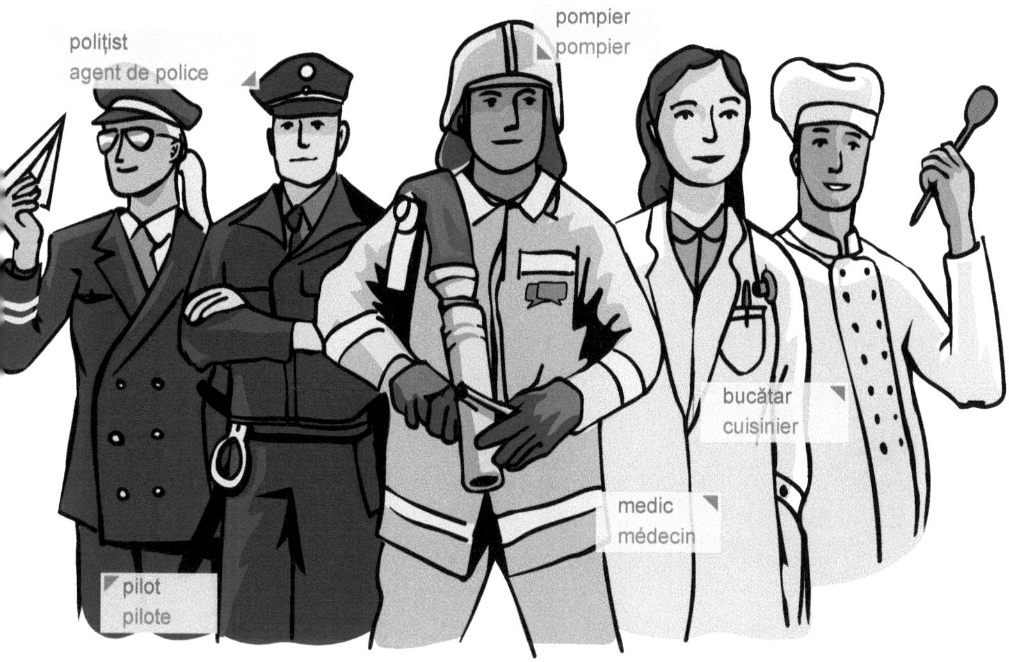

polițist
agent de police
pompier
pompier
bucătar
cuisinier
medic
médecin
pilot
pilote

grădinar

jardinier

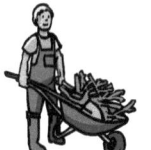

tâmplar

menuisier

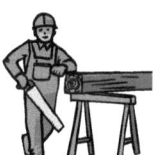

cusătoreasă

couturière

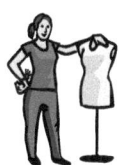

judecător

juge

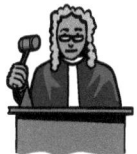

chimist

chimiste

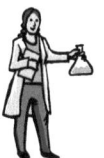

actor

acteur

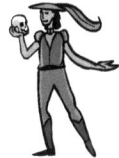

șofer de autobuz

conducteur de bus

șofer de taxi

chauffeur de taxi

pescar

pêcheur

femeie de serviciu

femme de ménage

tinichigiu

couvreur

chelnăr

serveur

vânător

chasseur

pictor

peintre

brutar

boulanger

electrician

électricien

muncitor în construcții

ouvrier

inginer

ingénieur

măcelar

boucher

instalator

plombier

poștaș

facteur

soldat

soldat

arhitect

architecte

casier

caissier

florar

fleuriste

frizer

coiffeur

controlor

contrôleur

mecanic

mécanicien

căpitan

capitaine

stomatolog

dentiste

om de ştiinţă

scientifique

rabin

rabbin

imam

imam

călugăr

moine

preot

prêtre

instrumente
outils

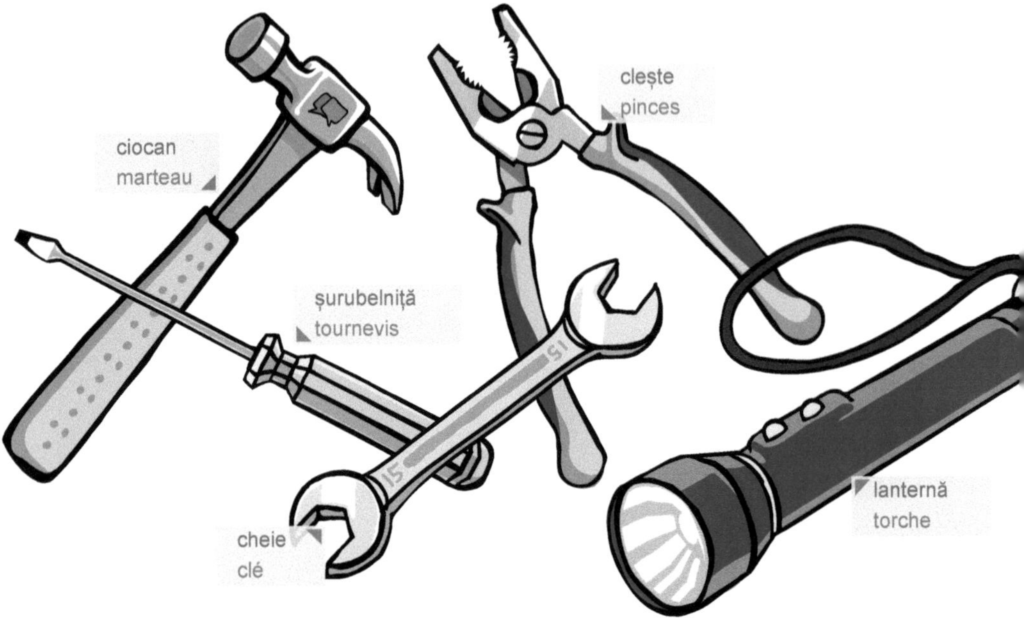
ciocan
marteau
clește
pinces
șurubelniță
tournevis
cheie
clé
lanternă
torche

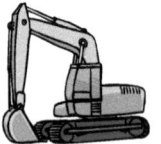

excavator
pelleteuse

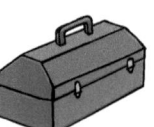

cutie de scule
boîte à outils

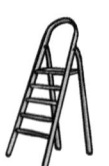

scară
échelle

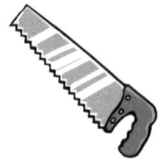

ferăstrău
scie

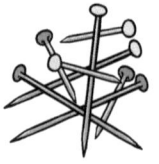

cuie
clous

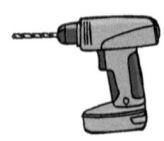

burghiu
perceuse

a repara
réparer

lopată
pelle

La naiba!
Mince !

făraș
pelle

vas pentru vopsea
pot de peinture

șuruburi
vis

instrumente muzicale
instruments de musique

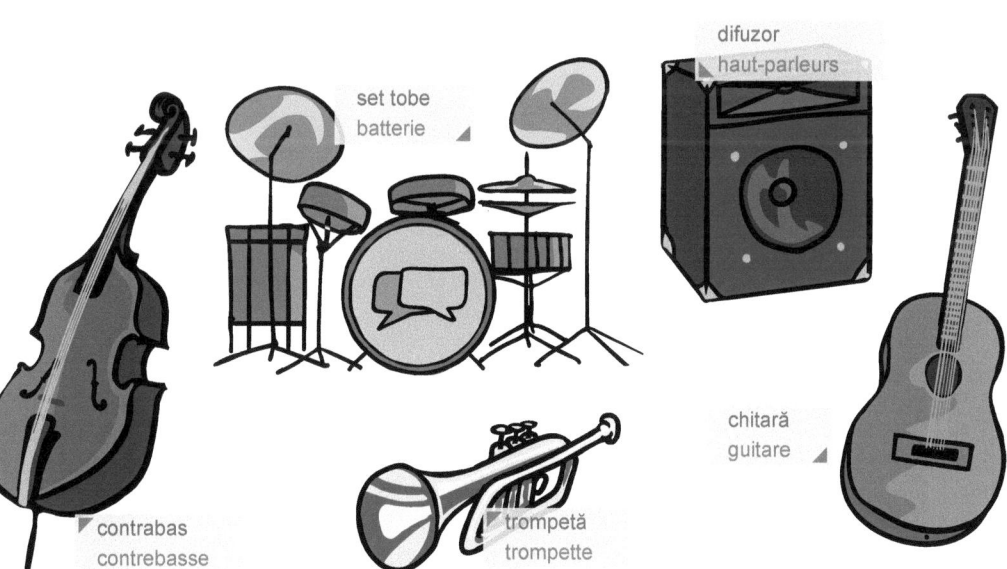

set tobe
batterie

difuzor
haut-parleurs

chitară
guitare

contrabas
contrebasse

trompetă
trompette

pian
....
piano

vioară
....
violon

bas
....
basse

trombon
....
timbales

tobă
....
tambour

keyboard
....
piano électrique

saxofon
....
saxophone

fluier
....
flûte

microfon
....
microphone

grădină zoologică

zoo

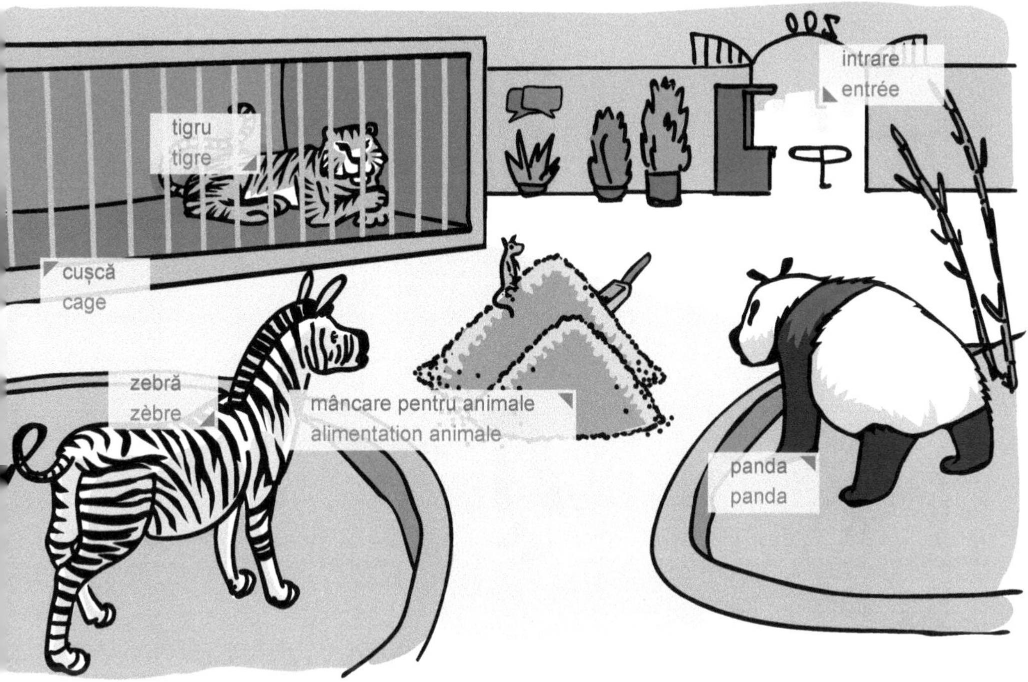

tigru
tigre
intrare
entrée
cușcă
cage
zebră
zèbre
mâncare pentru animale
alimentation animale
panda
panda

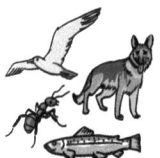

animale
animaux

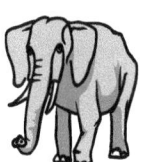

elefant
éléphant

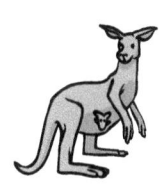

cangur
kangourou

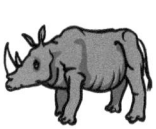

rinocer
rhinocéros

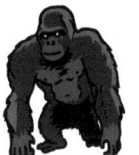

gorilă
gorille

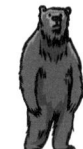

urs
ours

cămilă
chameau

struț
autruche

leu
lion

maimuță
singe

flamingo
flamand rose

papagal
perroquet

urs polar
ours polaire

pinguin
pingouin

rechin
requin

păun
paon

șarpe
serpent

crocodil
crocodile

îngrijitor grădina zoologică

gardien de zoo

focă
phoque

jaguar
jaguar

ponei

poney

leopard

léopard

hipopotam

hippopotame

girafă

girafe

acvilă

aigle

porc mistreț

sanglier

pește

poisson

broască țestoasă

tortue

morsă

morse

vulpe

renard

gazelă

gazelle

fotbal american
american Football

ciclism
cyclisme

tenis
tennis

basketball
basket-ball

înot
natation

box
boxe

hockey pe gheață
hockey sur glace

fotbal
football

badminton
badminton

atletism
athlétisme

handbal
handball

schi
ski

polo
polo

activități
activités

a sări
sauter
a îmbrățișa
embrasser
a râde
rire
a merge
marcher
a cânta
chanter
a visa
rêver
a se ruga
prier
a săruta
faire la bise

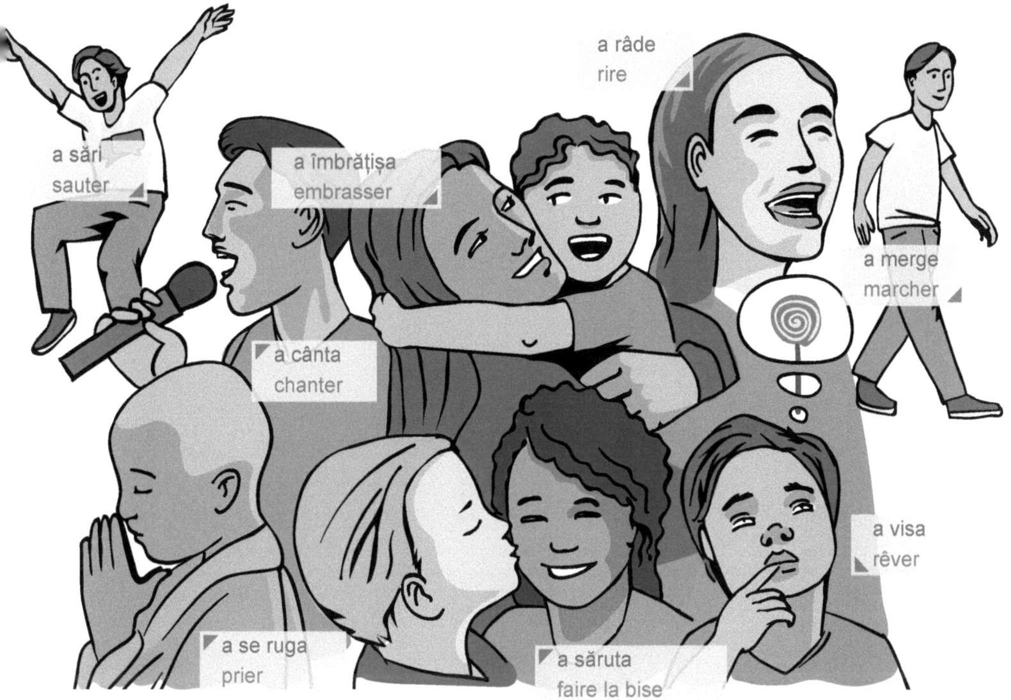

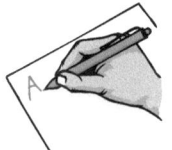

a scrie
écrire

a desena
dessiner

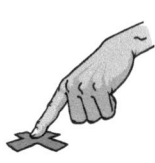

a arăta
montrer

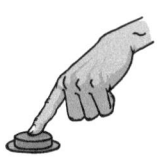

a împinge
pousser

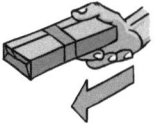

a da
donner

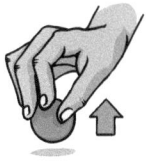

a lua
prendre

a avea
avoir

a face
faire

a fi
être

a sta în picioare
être debout

a fugi
courir

a trage
trier

a arunca
jeter

a cădea
tomber

a sta întins
être couché

a aștepta
attendre

a purta
porter

a ședea
être assis

a se îmbrăca
s'habiller

a dormi
dormir

a se trezi
se réveiller

a privi

regarder

a plânge

pleurer

a mângâia

caresser

a se pieptăna

peigner

a vorbi

parler

a înțelege

comprendre

a întreba

demander

a asculta

écouter

a bea

boire

a mânca

manger

a face ordine

ranger

a iubi

aimer

a găti

cuire

a conduce

conduire

a zbura

voler

a naviga

faire de la voile

a calcula

calculer

a citi

lire

a învăţa

apprendre

a munci

travailler

a se căsători

se marier

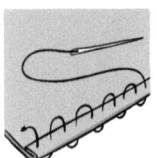

a coase

coudre

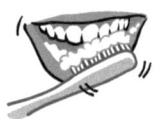

a se spăla pe dinţi

brosser les dents

a ucide

tuer

a fuma

fumer

a trimite

envoyer

familie
famille

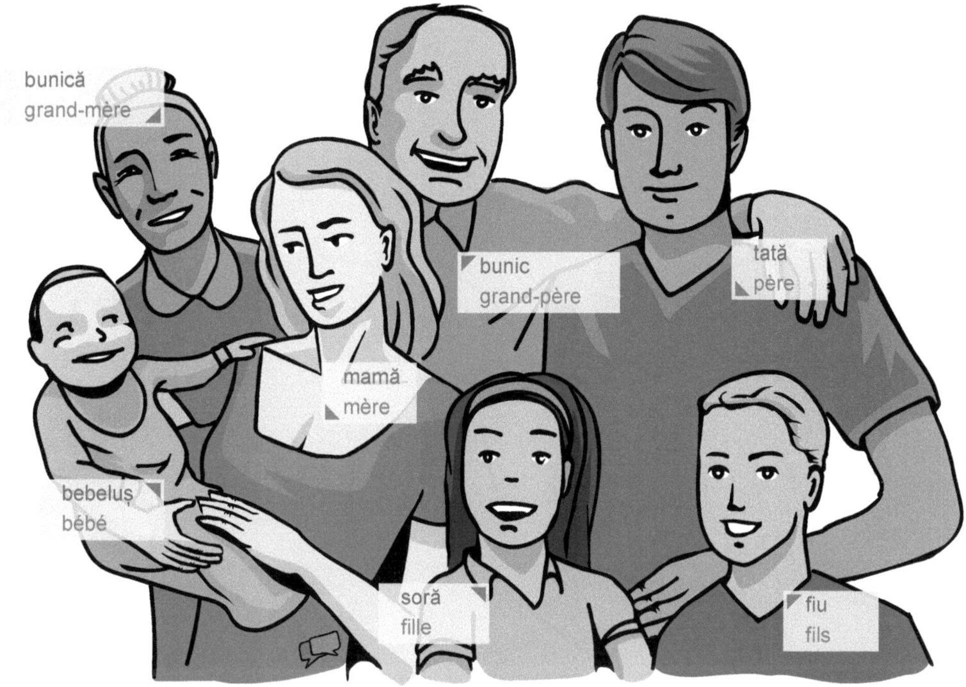
bunică
grand-mère
bunic
grand-père
tată
père
mamă
mère
bebeluș
bébé
soră
fille
fiu
fils

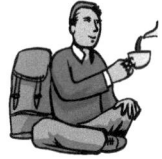

oaspete

hôte

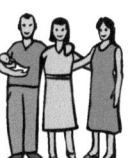

mătușă

tante

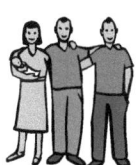

unchi

oncle

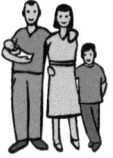

frate

frère

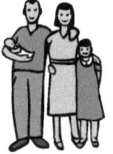

soră

sœur

frunte
front

ochi
œil

umăr
épaule

deget
doigt

față
visage

bărbie
menton

mână
main

piept
poitrine

picior
jambe

braț
bras

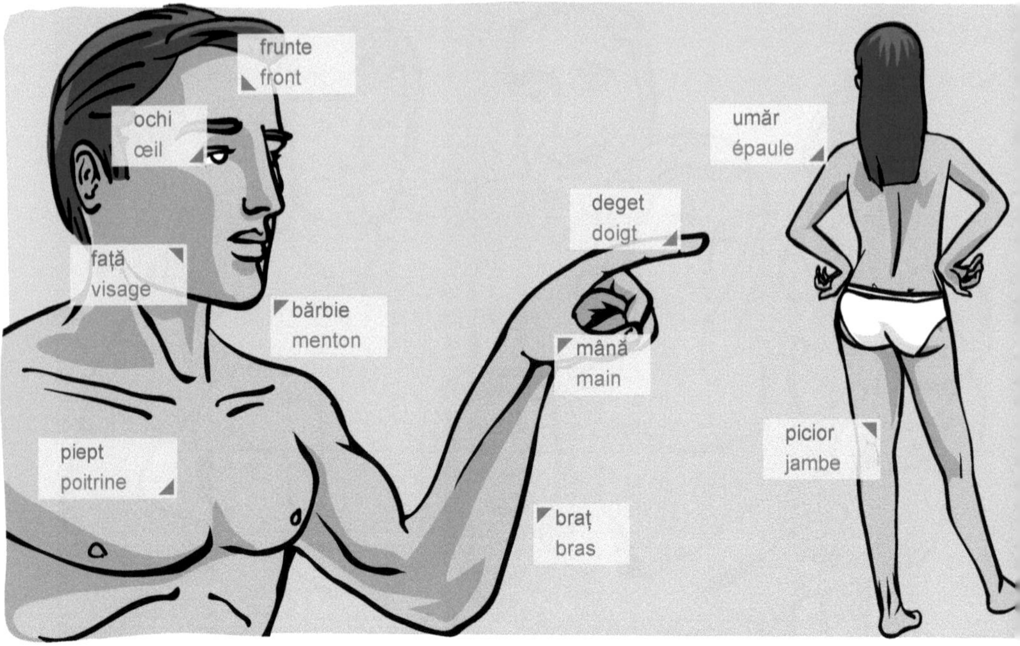

bebeluș
bébé

bărbat
homme

femeie
femme

fată
fille

băiat
garçon

cap
tête

corp - corps

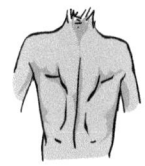

spate

dos

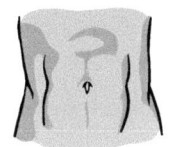

abdomen

ventre

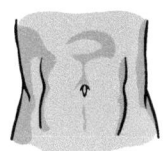

ombilic

nombril

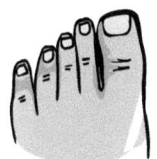

deget de la picior

orteil

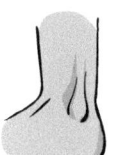

călcâi

talon

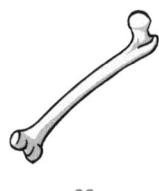

os

os

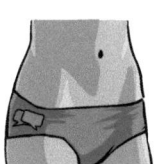

șold

hanche

genunchi

genou

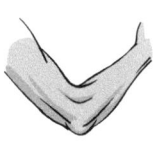

cot

coude

nas

nez

fund

fesses

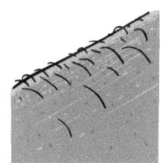

piele

peau

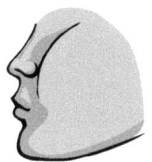

obraz

joue

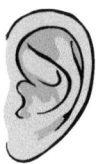

ureche

oreille

buză

lèvre

gură

bouche

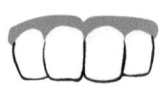

dinte

dent

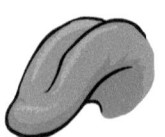

limbă

langue

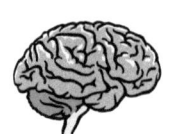

creier

cerveau

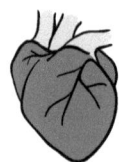

inimă

cœur

mușchi

muscle

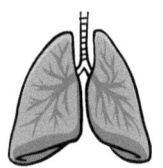

plămân

poumons

ficat

foie

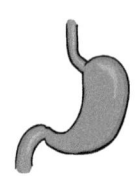

stomac

estomac

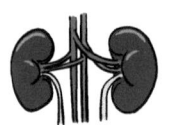

rinichi

reins

sex

rapport sexuel

prezervativ

préservatif

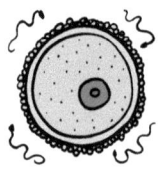

ovul

ovule

spermă

sperme

sarcină

grossesse

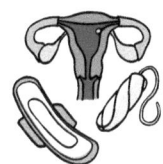

menstruație
menstruation

vagin
vagin

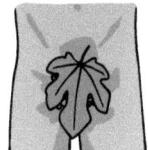

penis
pénis

sprânceană
sourcil

păr
cheveux

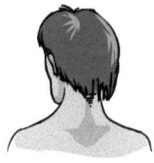

gât
cou

corp - corps

spital
hôpital

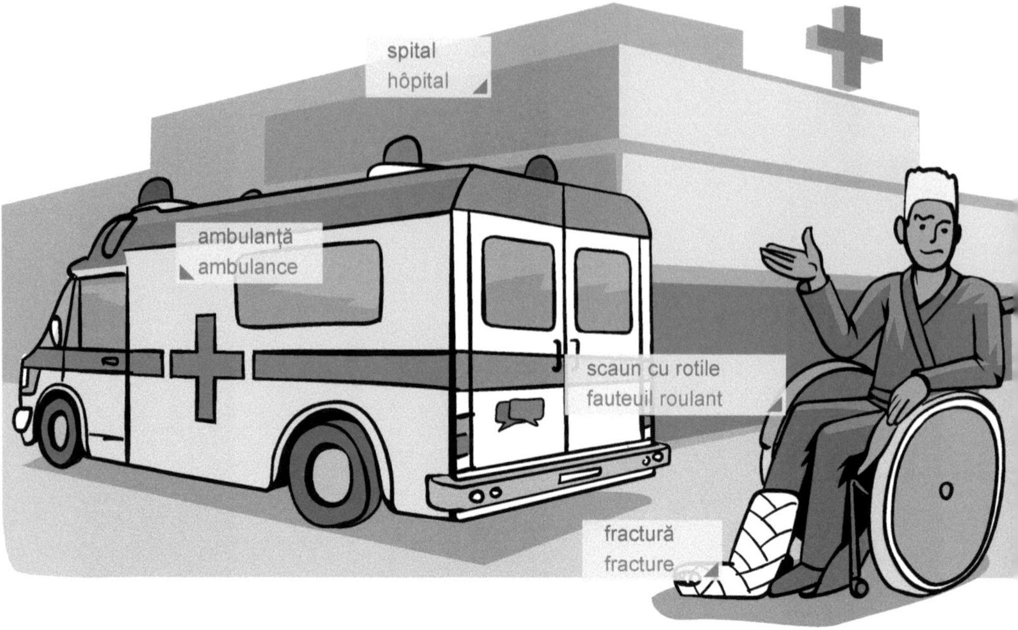

spital
hôpital
ambulanță
ambulance
scaun cu rotile
fauteuil roulant
fractură
fracture

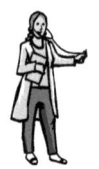

medic

médecin

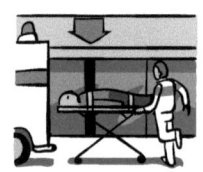

unitate de primiri urgențe

service des urgences

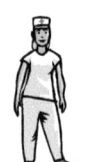

soră medicală

infirmière

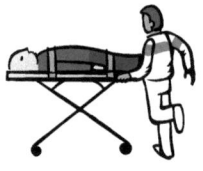

urgență

urgence

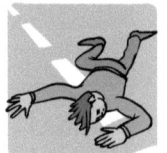

inconștient

inconscient

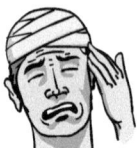

durere

douleur

leziune
blessure

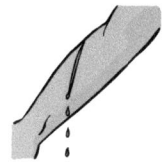

sângerare
hémorragie

infarct miocardic
crise cardiaque

atac cerebral
attaque cérébrale

alergie
allergie

tuse
toux

febră
fièvre

gripă
grippe

diaree
diarrhée

durere de cap
mal de tête

cancer
cancer

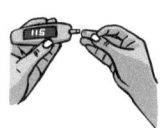

diabet
diabète

chirurg
chirurgien

scalpel
scalpel

operație
opération

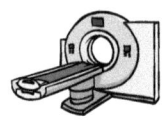

CT
CT

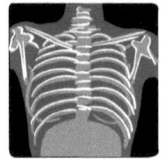

raze Röntgen
radiographie

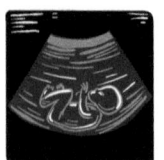

ultrasunet
échographie

mască
masque

boală
maladie

sală de așteptare
salle d'attente

cârjă
béquille

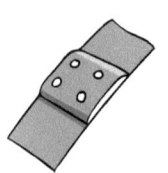

plasture
pansement

bandaj
pansement

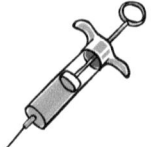

injecție
injection

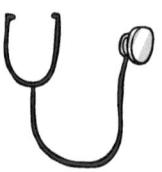

stetoscop
stéthoscope

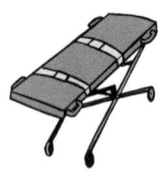

targă
brancard

termometru
thermomètre

naștere
accouchement

supraponderabilitate
surcharge pondérale

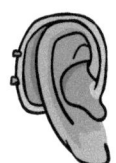

aparat auditiv

appareil auditif

dezinfectant

désinfectant

infecţie

infection

virus

virus

HIV/SIDA

VIH / sida

medicină

médicament

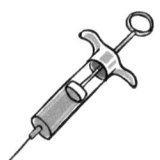

vaccin

vaccination

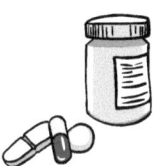

tablete

comprimés

pastilă

pilule

apel de urgenţă

appel d'urgence

aparat de măsurare a
presiunii arteriale

tensiomètre

bolnav/sănătos

malade / sain

Ajutor!

Au secours !

alarmă

alarme

agresiune

assaut

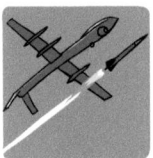

atac

attaque

pericol

danger

ieșire de urgență

sortie de secours

Foc!

Au feu!

extinctor

extincteur

accident

accident

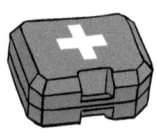

trusă de prim-ajutor

trousse de premier secours

SOS

SOS

poliție

police

pământ
terre

Europa

Europe

America de Nord

Amérique du Nord

America de Sud

Amérique du Sud

Africa

Afrique

Asia

Asie

Australia

Australie

Altantic

Océan atlantique

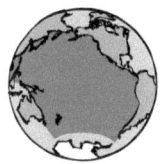

Pacific

Océan pacifique

Oceanul Indian

Océan indien

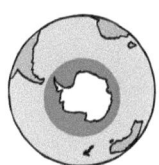

Oceanul Antarctic

Océan antarctique

Oceanul Arctic

Océan arctique

Polul Nord

pôle nord

Polul Sud

pôle sud

Antarctica

Antarctique

pământ

terre

ţară

pays

mare

mer

insulă

île

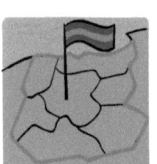

naţiune

nation

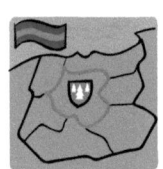

stat

état

cadran

cadran

orar

aiguille des heures

minutar

aiguille des minutes

secundar

aiguille des secondes

Cât e ceasul?

Quelle heure est-il ?

zi

jour

timp

temps

acum

maintenant

cead digital

montre digitale

minut

minute

oră

heure

săptămână

semaine

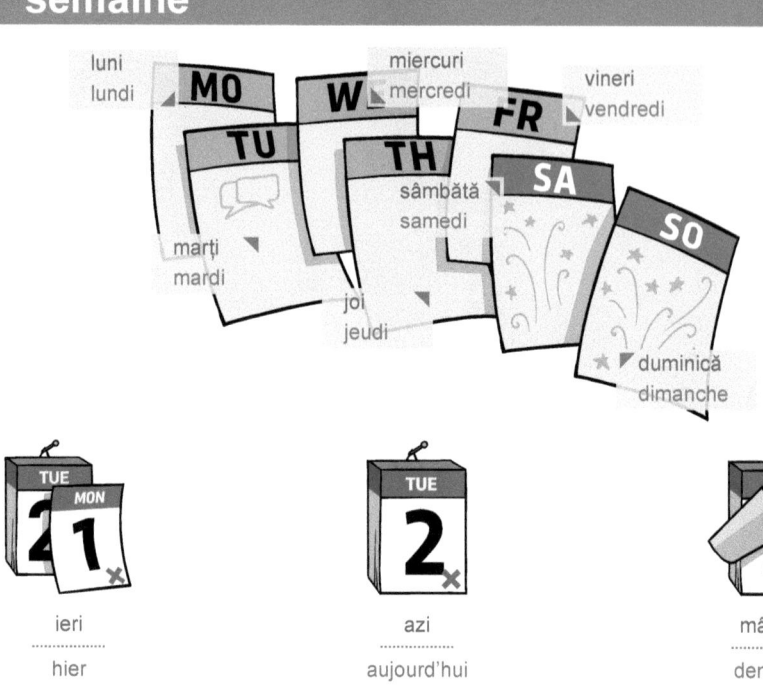

luni
lundi

miercuri
mercredi

vineri
vendredi

marți
mardi

sâmbătă
samedi

joi
jeudi

duminică
dimanche

ieri

hier

azi

aujourd'hui

mâine

demain

dimineață

matin

amiază

midi

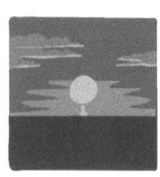

seară

soir

MO	TU	WE	TH	FR	SA	SU
1	2	3	4	5	6	7
8	9	10	11	12	13	14
15	16	17	18	19	20	21
22	23	24	25	26	27	28
29	30	31	1	2	3	4

zile lucrătoare

jours ouvrables

MO	TU	WE	TH	FR	SA	SU
1	2	3	4	5	6	7
8	9	10	11	12	13	14
15	16	17	18	19	20	21
22	23	24	25	26	27	28
29	30	31	1	2	3	4

week-end

week-end

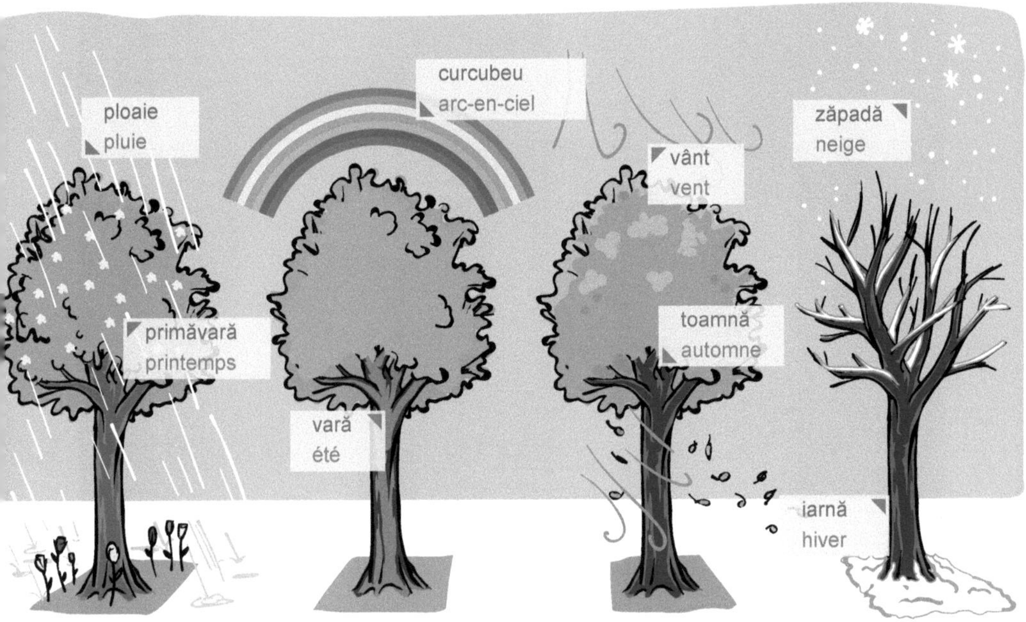

ploaie
pluie

curcubeu
arc-en-ciel

vânt
vent

zăpadă
neige

primăvară
printemps

toamnă
automne

vară
été

iarnă
hiver

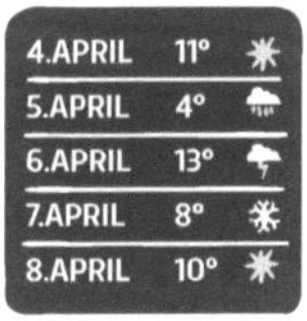

4.APRIL	11°	☀
5.APRIL	4°	☁
6.APRIL	13°	☁
7.APRIL	8°	☀
8.APRIL	10°	☀

prognoză meteo
....
météo

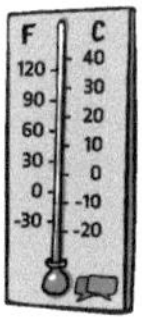

termometru
....
thermomètre

lumina soarelui
....
lumière du soleil

nor
....
nuage

ceață
....
brouillard

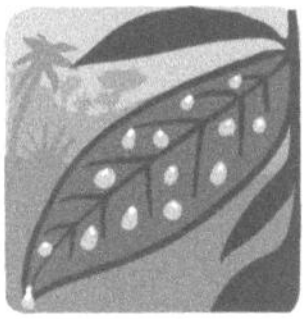

umiditate a aerului
....
humidité

fulger
foudre

tunet
tonnerre

furtună
tempête

grindină
grêle

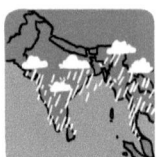

muson
mousson

inundaţie
inondation

gheaţă
glace

ianuarie
janvier

februarie
février

martie
mars

aprilie
avril

mai
mai

iunie
juin

iulie
juillet

august
août

an - année

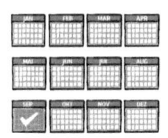

septembrie
....
septembre

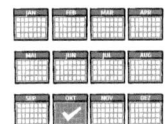

octombrie
....
octobre

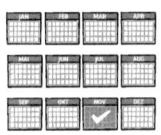

noiembrie
....
novembre

decembrie
....
décembre

forme

formes

cerc
....
cercle

pătrat
....
carré

dreptunghi
....
rectangle

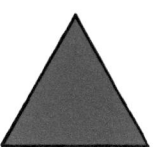

triunghi
....
triangle

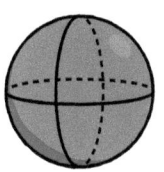

sferă
....
sphère

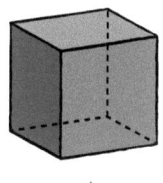

cub
....
cube

alb
....
blanc

galben
....
jaune

portocaliu
....
orange

roz
....
rose

roșu
....
rouge

violet
....
violet

albastru
....
bleu

verde
....
vert

maro
....
marron

gri
....
gris

negru
....
noir

mult/puțin
....
beaucoup / peu

furios/calm
....
fâché / calme

frumos/urât
....
joli / laid

început/sfârșit
....
début / fin

mare/mic
....
grand / petit

luminos/întunecat
....
clair / obscure

frate/soră
....
frère / soeur

curat/murdar
....
propre / sale

complet/incomplet
....
complet / incomplet

zi/noapte
....
jour / nuit

mort/viu
....
mort / vivant

lat/strâmt
....
large / étroit

comestibil/necomestibil

comestible / incomestible

rău/prietenos

méchant / gentil

emoționat/plictisit

excité / ennuyé

gras/slab

gros / mince

primul/ultimul

premier / dernier

prieten/inamic

ami / ennemi

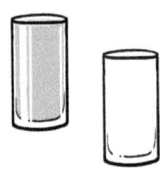

plin/gol

plein / vide

tare/moale

dur / souple

greu/ușor

lourd / léger

foame/sete

faim / soif

bolnav/sănătos

malade / sain

ilegal/legal

illégal / légal

inteligent/stupid

intelligent / stupide

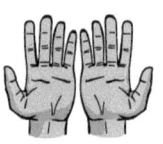

stânga/dreapta

gauche / droite

aproape/departe

proche / loin

nou/uzat
nouveau / usé

nimic/ceva
rien / quelque chose

bătrân/tânăr
vieux / jeune

pornit/oprit
marche / arrêt

deschis/închis
ouvert / fermé

încet/tare
faible / fort

bogat/sărac
riche / pauvre

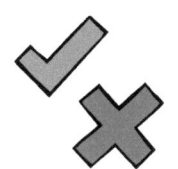

corect/fals
correct / incorrect

aspru/neted
rugueux / lisse

trist/fericit
triste / heureux

lung/scurt
court / long

încet/repede
lent / rapide

ud/uscat
mouillé / sec

cald/rece
chaud / froid

război/pace
guerre / paix

0

zero

zéro

1

unu

un / une

2

doi

deux

3

trei

trois

4

patru

quatre

5

cinci

cinq

6

șase

six

7

șapte

sept

8

opt

huit

9

nouă

neuf

10

zece

dix

11

unsprezece

onze

12

douăsprezece

douze

13

treisprezece

treize

14

paisprezece

quatorze

15

cincisprezece

quinze

16

șaisprezece

seize

17

șaptesprezece

dix-sept

18

optsprezece

dix-huit

19

nouăsprezece

dix-neuf

20

douăzeci

vingt

100

o sută

cent

1.000

o mie

mille

1.000.000

un milion

million

engleză

anglais

engleză americană

anglais américain

chineza mandarină

chinois mandarin

hindi

hindi

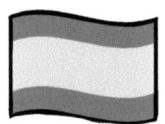

spaniolă

espagnol

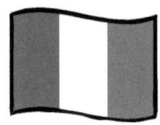

franceză

français

arabă

arabe

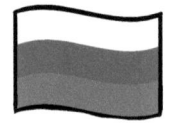

rusă

russe

protugheză

portugais

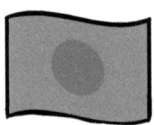

bengaleză

bengali

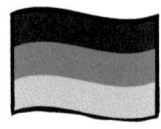

germană

allemand

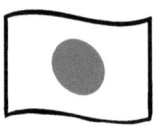

japoneză

japonais

eu

je

tu

tu

el/ea

il / elle / ce, c', cela

noi

nous

voi

vous

ea

ils / elles

cine?

Qui ?

ce?

Quoi ?

cum?

Comment ?

unde?

Où ?

când?

Quand ?

nume

nom

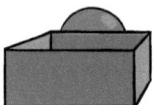

în spate
....
derrière

în
....
dans

înainte
....
devant

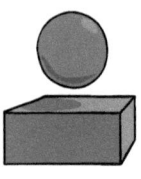

peste
....
au-dessus

pe
....
sur

sub
....
en-dessous

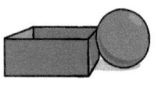

lângă
....
à côté de

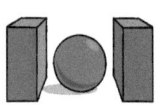

între
....
entre

loc
....
lieu